V. EMILE-MICHELET

HOLWENNIOUL

PARIS

ÉDITION DE L'*Humanité Nouvelle*

15, rue des Saints-Pères

—

1899

L'Humanité Nouvelle

Revue internationale consacrée aux sciences, aux lettres et aux arts, *L'Humanité Nouvelle* embrasse toutes les matières accessibles aux esprits préoccupés de culture générale. Sous la direction littéraire et artistique de M. V. Emile-Michelet et sous la direction scientifique de M. A. Hamon, professeur à l'Université Nouvelle de Bruxelles, *L'Humanité Nouvelle* occupe une place particulière au premier rang des revues françaises et étrangères.

Voici une partie seulement de ce que *L'Humanité Nouvelle* a publié depuis deux ans :

ETUDES SOCIOLOGIQUES

L'inégalité naturelle, par **Grant Allen.** — Les théories anarchistes et leurs rapports avec le communisme, par **I. Bloch.** — Conception matérialiste de l'histoire, par **Julian Borchardt.** — Etapes vers la liberté, par **Edward Carpenter.** — Les dessous économiques de la Révolution chrétienne, par **A. Chirac.** — L'Idée du Progrès et l'anarchisme, par **M. D.** — Evolution du Darwinisme sociologique, par **C. Fages.** — Congrès de l'Institut international de Sociologie, par **M. G.** — L'Etre social, par **Jean Grave.** — De la définition du Socialisme, par **A. Hamon.** — L'aide mutuelle dans la Cité médiévale, par **Pierre Kropotkine.** — Les modes et leurs initiateurs, par **Pierre Lavroff.** — L'éveil de l'esprit critique, par **Ch. Letourneau.** — La race dans l'étiologie du Crime, par **Cesare Lombroso.** — La question juive, par **Karl Marx.** — La mort des sociétés, par **J. Novicow.** — Etudes sur l'évolution des religions primitives, par **Elie Reclus.** — Pages de sociologie préhistorique, par **Elisée Reclus.** — Réoccupation de la Terre, par **A. Russell Wallace.**

ÉTUDES PHILOSOPHIQUES

L'hyperpositivisme de M. de Roberty, par **Oscar d'Araujo.** — La philosophie du XVIIIe siècle, et Malthus par **Hector Denis.** — L'évolution morale du sexe, par **Patrick Geddes et G. Thompson.** — Nouvelle éthique sociale dans l'éducation, par **J. Hudry-Menos.** — Déterminisme et responsabilité, par le **Dr Laupts.** — Bases d'une morale anarchiste, par **Dyer D. Lum.** — La Morale et le Socialisme, par **S. Merlino.** — Le droit pur, par **Edmond Picard.** — La religion, par **L. Ribert.** — L'élite et la foule ; Morale et politique, par **E. de Roberty.** — Religion et morale, par le comte **Léon Tolstoï.**

POÉSIES

Des vers de : **Gabriele d'Annunzio ; Ed. Bailly ; E. Barnavol ; E. Cammaërts, R. Darsiles ; Pierre Delsol ; Holger Drachmann; Paul Fort ; Friedrich Halm ; Douglas Hyde; Henrik Ibsen; Albert Lantoine; Louis Lestelle ; Fiona Macleod ; Joann Maragall; Roland de Marès ; Dina C. P. Meddor ; S. Nadson ; Yvanhoé Rambosson; Mario Rapisardi ; José Rizal ; Friedrich Rueckert; Francisco Sellen; J. von der Traum ; Ludwig Uhland ; Emile Verhaeren ; Aug. Vierset.**

CONTES, NOUVELLES, THÉATRE

La danseuse, par **Herman Bang.** — Les honorables gueux, par **J.-J. Baronian.** — Messaline, par **P. Cossa.** — Bon Dieu des Gaulx, par **Jules Destrée.** — Le Petit Jean, par **Frederick Von Eeden.** — Femmes de Bretagne, par **Gustave Geffroy.** — Journée d'un péager, par **Nathaniel Hawthorne.** — Le Gros lot, drame, par **Gunnar Heiberg.** — Le cœur d'Archytas, par **Léon Hennebicq.** — Marie Grubbe, par **J.-P. Jacobsen.** — L'homme en amour, par **Camille Lemonnier.** — La ville, par **Lucien Jean.** — Mémoires d'un porteur de torches, par **Roland de Marès.** — Au nom de la loi, par **Maschtèt.** — Exsurgat vita, par **Jacques Mesnil.** — Holwennioul, par **V. Emile-Michelet.** — Les amoureux de Galathée, par **Louis Mullem.** — Le spectre, par **Zabel Ohanessian.** — Récits de ma grand'-mère, par **André Petchersky.** — En réunion électorale, par **Paul Pourot.** — La Faim, par **Gabriel Randon.** — Maguelonne, par **L. Xavier de Ricard.** — Au pays des moines, par **José Rizal.** — Les déclassés, par **Sibiriak.**

ÉTUDES LITTÉRAIRES, MUSICALES ET ARTISTIQUES

Naturalisme et naturisme, par **L. Bazalgette.** — G. Rodenbach, par **Jules Coucke.** A propos de l'Art et la Révolution, par **E. Cammaerts.** — Herman Bang, par le vicomte **de Colleville et Fritz de Zepelin.** — Une visite au sanctuaire d'Olympie, par **Léon Hennebicq.** — L'Architecture de demain, par **L. Hennebicq, V. Horta et van den Borren.** — Stéphane Mallarmé, par **Albert Lantoine.** — Contribution à l'histoire des lettres françaises en Belgique, par **Georges Ramækers.** — La littérature russe, expression de la vie russe, par **E. S.** — Chroniques littéraires, par **Henry Fèvre, Léon Hennebicq, Albert Lantoine Louis Dumont, Louis Ernault et Roland De Marès.** — — Chroniques artistiques, par **L. Dumont, P.-A. Hirsch, Léon Hennebicq, Jean Dolent, Jean Schmitt.** — Chroniques musicales, par **Kobold** et **E. Cammaërts.** — Chroniques théâtrales, par **Judith Cladel.**

ÉTUDES ÉCONOMIQUES, POLITIQUES ET SOCIALES

Trade-unionisme, mutualisme et néo-coopératisme, par **A.-D. Bancel.** — Situation économique de l'Europe au début de 1898, par **Aug. Chirac.** — La question agraire et les systèmes économiques, par **Henri Dagan.** — Des compagnies de discipline, par **Dubois Dessaulle.** — Comment le Gouvernement Prussien fait les élections, par **H. De Gerlach.** — Essais sur la monnaie, le crédit et les banques, par **G. De Greef.** — Les élections en Belgique, par **P. Deutscher.** — A propos du désarmement, par **A. Hamon.** — Les élections en Allemagne (1898), par **Simon Katzenstein.** — La politique des Trade-Unions et des socialistes en Angleterre, par **James Leakey.** — Trade-unionsime et coopération de l'avenir, par **Tom Mann.** — L'argent ou la circulation simple, par **Karl Marx.** — L'évolution du socialisme, par **Amy C.**

(*Voir la suite, page 3 de la couverture*).

HOLWENNIOUL

Si ton idéal est mortel, tu mourras de l'atteindre. Si ton idéal est immortel, tu deviendras immortel pour l'atteindre.

Sur la mer calme, le soleil tombait.

Déjà un segment inférieur de son disque aux rougeoiments de métal embrasé disparaissait, enfoncé dans l'horizon ondoyant des lames, tandis qu'autour du reste de la circonférence émergeant, des vapeurs moutonnaient, à peine moins ardentes que l'astre lui-même, et comme éployant l'orgueil secondaire d'être les reflets d'une splendeur.

De la baie, la surface étale, qui semblait suivre une inclinaison ascensionnelle presque insensible vers le couchant, se développait en un immense tapis d'azur où des caprices de coloris naissaient des vagues légères teintées d'or fauve à leurs crêtes vacillantes.

Vers la gauche, l'île de Seizhun, plane et basse au point d'affleurer ainsi qu'un elliptique radeau le niveau marin, interrompait l'unité de la nappe; et tout autour d'elle, des milliers de récifs épars dont un seul côté s'illuminait des rais horizontaux étaient alors d'énormes fleurs de flamme inclinant leurs calices noirs vers la terre orientale. Et des courants entre eux luisaient, serpents d'acier.

La baie, ouverte en croissant, se terminait à senestre par une pointe aiguë de rocs gigantesques aux pieds desquels les lames de fond se brisaient, perpétuellement furieuses avec de sourds fracas et des tourbillons d'écume éclaboussant par dessus cent hauteurs d'hommes la cime du cap.

C'était la plage des Anaoun derrière laquelle les terres se ravinaient entre deux élévations rocheuses à pic; la plage dont le sable est si blanc qu'on le dit fait des ossements des trépassés roulés par le flot; çà et là on voyait encore des fragments de squelettes, déposés par les grandes marées.

Mais le relais sablonneux aux reflets d'ivoire et l'âpre sol parsemé de chiendents et d'immortelles disparaissaient alors, piétinés par une multitude.

Hommes aux longues chevelures, aux torses musculeux, ceints de lanières de cuir; vieillards dont les sayons de poils de chèvres cachaient les reins robustes encore, et femmes parées, ainsi qu'aux jours de fêtes, de colliers de verroteries multicolores sur la gorge. Du niveau des têtes émergeaient les carrures des cavaliers dont les casques surmontés d'ailes acéraines ou de métalliques gueules d'animaux scintillaient sous les jeux des rayons. Entre les groupes immobilisés par une attente, des enfants nus couraient dans une joie effarée à laquelle se mêlaient des chiens à poils ras. Cette foule qu'agitait un frémissement anxieux n'épandait dans l'air qu'un bruissement égal à celui des vagues.

Tous les regards convergeaient à l'horizon, et par-delà les lames successives arrivant à hauteur des yeux pour s'affaisser sur la rive, ils fixaient une douzaine de barques évoluant entre la terre et l'île parmi les récifs disséminés.

Elles venaient dans le lit de la brise molle, le cap sur la baie. Mais, malgré l'accalmie, la passe, sillonnée de remous, ne pouvait être franchie que par des marins d'une suprême habileté.

Pourtant les barques avançaient avec aisance, bercées sur l'ondulation bleue et rose; et leurs voilures teintées de pourpre sous les lueurs occidendales apparaissaient des ailes de cygnes éployées parmi des flammes. Bientôt elles furent reconnaissables pour la foule. Leurs équipages se composaient uniquement de femmes dont les mouvements souples dans les manœuvres attestaient la puissante jeunesse.

L'une des embarcations devançait d'une double longueur d'aviron la flottille qui semblait lui faire un déférent cortège, et de terre, on pouvait distinguer, s'enfonçant et remontant selon le rythme des vagues élégantes, l'emblématique tête de bélier cuprique ajustée au bec de l'étrave.

Quand elle fut parvenue assez près de la plage pour que la quille touchât le fond, l'équipage féminin, tout de blanc vêtu, jeta l'ancre et amena les voiles. Mais tandis que les bras nus s'empressaient à larguer les drisses stridentes, seule une silhouette de femme demeurait immobile contre la misaine.

Lors deux couples de jeunes femmes se jetèrent à la mer. Elles prirent pied; puis recevant de leurs compagnes un bouclier ovale, elles l'élevèrent à bras tendus au-dessus de leurs têtes contre le flanc de la barque. Et cette femme qui jusqu'alors avait suivi sa rêverie sous la clarté de la voile, ayant pris place sur la convexité du pavois offert à ses pieds, les quatre nautonnières commencèrent à travers l'onde leur marche vers la rive, assez robustes pour supporter aisément chacune d'un seul bras tendu leur belle charge impassible. Soudainement, à terre, un cri sortit de toutes les poitrines :

— Holwennioul !

Et la vaste voix de la multitude tremblait d'émotion passionnée.

Cependant, la flottille mouillée, toutes les arrivantes s'étaient élancées et nageaient, environ deux cents, derrière cette mystérieuse advenue qui semblait leur souveraine.

Ainsi quittait l'île sacrée des Sept-Sommeils pour atterrir au sol continental la Grande Prêtresse Holwennioul.

Maintenant inébranlé sur les oscillations légères de leur marche le pavois incrusté de sculptures, les quatre vivantes cariatides de son piédestal avançaient avec lenteur. Dans ses reculs, le reflux alternatif des vagues hautes découvrait leurs torses nus jusqu'aux hanches larges ceinturées de blancs pagnes, en jetant, subtiles parures, dans leurs chevelures flottantes et sur l'inclinaison de leurs gorges fières des flocons d'écume et des perles d'eau lourde.

***

Holwennioul était de haute stature. Piétée sûrement, l'équilibre confirmé par la hampe surmontée de la tête argentine du bélier symbolique à laquelle s'appuyait sa droite, elle se détachait, marmoréenne et hiératique, sur la gloire fauve du disque solaire.

Un charme de mystère émanait de cette jeune femme. Le calme léonin de ses yeux bronzés attestait une âme qui n'a plus l'appétence d'interroger la vie, puisqu'elle en connaît les arcanes, et la grâce irréfragable de ses gestes révélait une accoutumance de suprématie. Elle apparaissait une créature allégorique d'une humanité surhumaine. Sa chevelure sombre la revêtait, de la nuque aux chevilles, d'une mante sous laquelle flottait en plis légers une robe blanche ceinturée d'or. Autour de ses tempes serpentait une couronne de fleurs sous-marines, aux rouges corolles pentagonales scintillant comme des rubis. On pouvait songer que des mains amoureuses, désespérant de cueillir des étoiles pour en magnifier ce front splendide, étaient allées lui chercher une parure au profond de la mer. Sur la chair ambrée de son encolure de sa gorge et de ses bras s'envolait un parfum impérieux et mélancolique. Une hérédité multiple de hautesse psychique se lisait dans la racine large du nez, dans la fossette surmontant la lèvre supérieure, rébellionnée contre le vertige du baiser, et dans le menton affirmatif d'une volonté que rien n'épouvante.

Cette beauté était-elle l'auxiliatrice de la Mort ou de la Vie? Elle donnait la sensation d'une fleur dorée épanouie sur un bord d'abîme. Contre elle s'étaient heurtés sans doute d'innombrables essors d'amour et de désirs, et des jeunes hommes pâlis avaient dû disparaître de la terre en exaltant leurs paupières inertes du souvenir de cette vision.

Et toute l'énergie de ces adorations défuntes s'était concentrée, dans le monde occulte des forces, pour forger à cette créature une formidable armure magnétique, capable de répercuter l'amour comme un miroir renvoie sur un point d'ombre un plus ardent rayon solaire. Des hommes et des femmes frissonnaient au scintillement d'une lueur entre ses cils lourds, au vol d'un sourire entre ses jeunes lèvres.

Au moment ou sorties des vagues les porteuses s'agenouillaient pour approcher du sol leur fardeau sacré, Holwennioul sauta du pavois sur le sable. Alors à travers la foule bondit éperdûment un jeune homme aux fortes épaules qui tomba aux pieds de l'advenue :

— Je t'aime! dit-il.

La foule vibra, clama. Elle sentait qu'un acte sacrilège venait d'attenter à l'intimité inavouée de sa passoin aptère et jalouse pour une femme placée par les destins dans une sphère inaccessible. Une ruée furieuse encercla le jeune inconnu dont une soudaine intensité d'émotion avait anéanti la robuste vitalité, et qui gisait évanoui. Des hommes levaient sur lui les bras, du fer dans les mains.

Holwennioul posa doucement son pied sur le corps, et d'un geste balaya les assaillants. Et tandis que la foule frémissait encore et grognait comme une bête à qui le dompteur arrache une proie, la jeune femme contempla silencieusement l'audacieux inanimé.

Sans doute cette juvénile beauté la charma; ses yeux s'oublièrent dans la lueur d'un sourire. Puis, comme revenant des profondeurs de sa pensée, elle secoua son front d'un mouvement qui fit onduler toute sa chevelure et tendit vers le corps étendu sa droite en une sorte de lointaine et puissante caresse.

Sous l'influence de cette main, le jeune homme, après un frisson passager, retomba dans une lourde immobilité. Holwennioul le désigna du doigt à ses femmes, qui le déposèrent sur un bouclier et le chargèrent sur leurs épaules.

Un char attelé de deux bœufs et surmonté d'un trône léger d'osier attendait la volonté de celle qu'il devait emporter.

Holwennioul y monta.

La foule se massa derrière, toujours attirée vers cette femme par la force d'une fatale idolâtrie, et le cortège marcha vers la ville assez proche, dont les toitures baignaient dans la brume mauve du soir tombant.

Le pas lent des bœufs, malgré les cahots des roues aux pierres du chemin et les secousses du char, ne troublaient pas la méditation de la belle créature, qui, allongée en une attitude dénuée d'orgueil, promenait sur les choses environnantes, sur les futaies ensommeillées, les regards de ses sombres prunelles accoutumées à voir l'invisible.

Avant qu'Holwennioul fût conçue dans les flancs d'une femme, le cours de sa vie future avait été déterminé.

Sa mère était une vierge de vingt ans quand elle fut mandée au temple, à l'heure où paraissait dans les cieux la lune nouvelle.

Quand, à leurs jeunes soirs de joie, elle et ses compagnes gestaient par des danses, des clameurs et des rires, l'expansive puissance de leur adolescence, la silhouette soudaine, à l'horizon boisé, du légendaire édifice avait souvent glacé leur gaîté. Ce fut donc avec une terreur intime qu'elle suivait, à travers les méandres ombreux d'un souterrain, la vieille femme chargée de la conduire.

Quand au lever de l'aube, elle retourna vers sa demeure coutumière, elle n'était plus la même. Il flottait sur son front un nuage d'angoisses et de joie. Aux questions sur ce qu'elle avait vu pendant cette nuit inconnue, elle refusa toujours de répondre.

Plus tard, au seul possesseur de sa beauté, elle révéla, entre deux baisers, le souvenir gardé de cette veillée comme d'un étrange rêve.

Elle était arrivée dans une vaste salle, à ciel ouvert, azurée d'odorantes fumées, d'où saillaient des colonnes symétriquement disposées et de colossales statues d'animaux imaginaires éployant des ailes granitiques dont les ombres s'allongeaient démesurément dans la lumière jaunâtre des lampadaires. De cette vision perçue dans le trouble de ses sens, un détail hantait la mémoire de ses yeux : appendues aux parois, des guirlandes d'armoise, de sélénotropes et de renoncules jaunes.

Il y avait là des hommes et des femmes, tous ayant en tête la mitre sacerdotale. A peine entrée, un grand vieillard dont les regards et les mouvements affirmaient l'énergie d'une jeunesse perpétuée, était venu à elle et l'avait accueillie de ces paroles :

— Nous te saluons, vierge, dans la gloire de ta maternité future. Les étoiles t'ont choisie entre les femmes pour enfanter une fille sublime. Et c'est pourquoi, nous qui connaissons les destins, nous appellerons les bénédictions du monde invisible sur ta matrice, tabernacle prochain d'une âme de lumière.

Ce vieillard était grand et pâle. Il portait une robe blanche lamée d'argent sur laquelle s'étalait un triple collier de perles et de gemmes. Sa tête était coiffée d'une tiare couverte de soie jaune où couraient de bizarres dessins d'argent. Il fit un signe au groupe des femmes qui s'emparèrent de la jeune fille, la dépouillèrent de ses vêtements, et l'étendirent nue, les bras en croix, sur un autel de granit gravé de caractères inconnus aux quatres coins desquels surgissaient les quatre statues d'un homme, d'un taureau, d'un lion et d'un aigle.

Bientôt la pauvrette se vit entourée du vieillard à robe blanche et de six autres hommes vêtus d'une couleur différente : une robe était couleur de sang, une autre verte, une écarlate, une bleue d'azur, une brune, une purpurine. Ces hommes, ces épées, ce cérémonial, tout cela rapidement entrevu lui donnèrent une minute d'horreur pendant laquelle se croyant vouée à quelque suprême sacrifice, elle ferma les yeux, prête à défaillir.

Mais d'une voix très douce, le vieillard la rassura :

— Ne tremble pas enfant. Ces épées qui t'épouvantent, nous ne les avons pas tirées du fourreau pour te faire mal, mais pour te protéger. Par la vertu de leurs pointes, nos volontés communiantes espèrent dompter les nocives influences qui pourraient s'appesantir sur toi ou sur l'enfant de tes flancs.

Alors commencèrent les prières et les chants entonnés par toute l'assemblée, hommes et femmes.

Les voix s'élevaient solennellement avec l'esprit des parfums, vers la lune. Leur accent montait de la supplication au commandement, et la fragance des aromes variait selon une progression analogue à celle des voix, comme si quelque vouloir très savant avait combiné une alliance du rhythme des odeurs au rhythme des sons, afin de multiplier l'une par l'autre leur puissance.

Cependant toujours étendue sur l'autel, la jeune fille sentait la terreur s'évanouir pour laisser place à un exceptionnel ravissement. Il lui semblait pénétrer, loin de cette salle, dans un monde inabordé d'êtres et de choses dont elle distinguait, imparfaitement l'existence et les formes, tandis que, simultanément, une insolite hyperacuité de ses sens lui permettait une perception extraordinairement précise de ce qui se passait autour d'elle. Seulement, après la disparition de cette passagère faculté, sa mémoire ne conserva plus de cette heure qu'une vision confuse.

Dans le silence frissonnant qui succédait aux sonorités des prières, le grand vieillard à la robe blanche lamée d'argent s'approcha d'elle l'épée haute. Il jeta successivement vers les quatre coins de la salle, en prononçant chaque fois des formules dans une langue inconnue, de l'eau de la terre et de la flamme qui lui étaient présentées dans des coupes. De la quatrième coupe vide, il parut prendre une poignée d'air pour la projeter loin de lui. Les six hommes réunis à ses côtés imitaient ses gestes d'épée.

Reflétant la jaune lumière des flambeaux, l'acier des sept lames dans la brume des odorantes fumées semblait multiplier des éclairs.

Ensuite, de la pointe de leurs épées, les sept personnages, l'un après l'autre, proférant des paroles, tracèrent des signes sur le ventre de l'enfant gisante. Cependant, à l'appel de leurs voix calmes, elle croyait voir dans un inconnaissable monde, parmi la foule évoluante des possibilités, une forme splendide de femme, auréolée d'or, répondre et s'approcher; et cette intuition rapide la sillonna que cette forme sortirait un jour, enfantinement amoindrie, de sa chair maternelle.

C'était l'enfant prédit.

Depuis cette nuitée, creuset où se transmuta son âme, la vierge porta constamment sur sa chair un talisman d'argent gravé d'illisibles signes.

A quelque temps de là, un jeune étranger parut dans la contrée. Dès qu'elle le vit, le vertige d'aimer fit battre les paupières de la jeune fille. De cette union naquit Holwennioul et plus tard sa sœur Hennida.

*
* *

La nuit était tombée quand Holwennioul et son cortège arrivèrent aux portes de la ville. Au frisselis d'une brise d'ouest tandis que la terre s'enveloppait dans le velours ardoisé des cieux, la jeune femme avait jeté sur ses épaules un manteau de fourrures, et de cette rare silhouette baignée dans le clair d'étoiles, de toute cette caravane, par moment s'étonnait quelqu'un des seuls veilleurs de ces parages, hiboux ou chats sauvages, qui miaulait en s'enfuyant.

On entendit s'approcher une galopade.

Bientôt apparut une forme de femme, souple et jeune, sur un petit cheval qui marcha droit à Howlennioul.

— Ma sœur!

— Hennida!

Après des baisers, Holwennioul se tourna vers sa suite:

— Un cheval!

Elle sauta en selle, et les deux femmes chevauchèrent côte à côte, Holwennioul ayant posé son bras autour de la taille sororale. A l'entrée de la ville, comme Hennida, curieuse, allait regardant les groupes, elle aperçut étendu sur un char avec les apparences d'un mortuaire sommeil, le jeune homme naguère tombé défaillant aux pieds d'Holovennioul. Elle jeta un cri. Sa sœur qui pénétra sa pâleur et sa soudaine faiblesse, l'enleva de selle d'un puissant effort de son bras, et l'assit devant elle sur l'avant-main de sa monture. Ce geste maternel révélait une tendresse robuste et calme enlinceulée au cœur de cette créature d'où la sensibilité semblait envolée, avec les rêves, vers des cieux ignorés.

Le lendemain Holwennioul, dans un matin léger, caressait de sa parole l'âme de sa sœur. Hennida avait dix-huit ans. C'était un être de grâce. A voir ces deux jeunes filles errer enlacées parmi ce jardin, frôlant de leurs robes les glaïeuls et les iris. le passant ébloui de cette apparition gemellée eût deviné qu'un même sang nourrissait leur beauté. Une ressemblance inquiétait entre leurs différentes individualités. Elles étaient le midi et le minuit d'une même journée. Si la mystérieuse splendeur d'Holwennioul enfantait une lueur d'étoile, la jeunesse d'Hennida irradiait du soleil. L'une avait tous les charmes de la force, l'autre la séduction de la fragilité. Sans doute, lasse du noble effort d'avoir produit l'aînée, la nature avait créé la seconde comme une œuvre légère et précieuse que le heurt d'un jour mauvais suffirait à briser. L'influence solaire avait doré l'enfant dans sa chevelure, dans le paillettement de ses prunelles et dans le velours citrin de sa chair.

Elles étaient assises, l'une contre l'autre, sur le fût d'un platane, Holwennioul, soutenant d'un bras le torse élancé de sa sœur, enveloppait ce front d'un regard atténué par le voile des cils, mais seule, elle connaissait quelle tristesse emplissait son âme.

— Hennida, dit-elle en flattant les boucles de l'enfant, déjà l'aile de l'amour t'a blessée. Oh! j'ai tant redouté pour ta chère poitrine l'irruption de l'amour. Les êtres de notre hauteur, quand l'amour vient à eux, s'ils se laissent par lui toucher, ils en meurent. Hélas! tu ne fus pas cuirassée, comme moi, d'une armure à l'épreuve des passions. Mais je ne veux pas voir passer une ombre sur ton éclat, ô vivant sourire! Raconte moi ton cœur. Au bercement de ta voix aimée j'oublierais mes soucis.

— Oh! soupira Hennida en entourant de ses bras le cou puissant de sa sœur, s'il ne m'aime pas, lui, je mourrai dans le désespoir. Toi qui sais l'art de charmer, sois mon secours. Toi qui commandes au tonnerre, tu peux ordonner aux âmes. Comme tu chassais de mon sein enfantin la fièvre, chasse aujourd'hui la souffrance, et comme tu me donnais la santé, donne-moi le bonheur.

— Ah! si le bonheur était le manteau qui couvre mes épaules comme je m'en dépouillerais vite pour t'en envelopper!

— Ne chuchote-t-on pas, de ton pouvoir, de merveilleux récits? Ne peux-tu pas, en dirigeant dans le monde des forces les incantations et les prières des vierges magiques dont tu es la souveraine, faire descendre où tu veux l'influx des planètes? N'as-tu pour esclave, ô vierge sacrée, cette trinité royale : la Science, la Volonté et la Sainteté? Le monde est un serpent dont tu piétines la tête. Pourquoi donc ne pourrais-tu auréoler d'un rayon de bonheur, le front de l'humble enfant, ta sœur?

— Ton jeune cri vers le bonheur, combien d'êtres humains l'ont poussé. Encore que nulle palpitation d'un cœur, quel qu'il soit, ne me laisse indifférente, saurais-je voir ton émoi sans tressaillir tout entière? Les dieux eux-mêmes ne pourraient vêtir du total bonheur une créature humaine. Car pour que cela soit, il faudrait qu'une unanime félicité englobant la terre, déferlât à leurs pieds comme une mer harmonieuse. Une loi défend que le bonheur constant emplisse une âme humaine tant que sont quelque part des souffrances et des larmes. O chère tête pure que je voudrais tant heureuse, tu supportes le contre-coup de la misère humaine.

— Et si la vie est un obstacle au bonheur, délivre-m'en. Cela tu le peux.

— Toi, toi demander le sombre refuge de la mort!... Il est des êtres qui, plus que d'autres, ont besoin de bonheur. Ta chair, favorite dorée du soleil, s'étiolerait vite à l'ombre. Dans la souffrance où s'épanouit l'âme farouche des martyrs, tu te flétrirais, fleur de lumière et de joie.

— Les yeux d'amour du bien-aimé sont les soleils loin desquels mon front languit. Ah! si j'étais dans le cercle de ses bras, je pressens que je n'en pourrais sortir que pour pénétrer dans la mort. S'il m'advenait ce ravissement ignoré dont je caresse désespérément le fugace espoir, que je sois à jamais délivrée de vivre des heures qui ne seraient pas les égales de celle-là! Comment d'autres femmes se résignent-elles à subir encore l'existence après avoir connu de semblables instants?

— C'est qu'elles ne sont pas nées pour l'unique amour. C'est qu'en son germe leur volonté reçut une impulsion vers d'autres désirs, c'est que l'énergie de leur être n'est pas concentrée vers un seul idéal. Toi, ma douce passionnée, tu penses que rien hors l'amour, ne vaut d'occuper le sanctuaire de ton âme. Puisqu'il te fut donné de rencontrer ton maître, l'homme avec lequel femme tu te fondras pour constituer l'unité définitive de l'être, ta destinée est enviable. Combien ont langui jusqu'à la dernière heure, dont les tristes yeux n'ont jamais vu l'élu de leur rêve.

Hennida cacha sa tête dans le sein de sa sœur :

— Mieux eut valu pour moi de ne pas le voir, car il ne m'aime pas.

— Il t'aimera.

— Ah ! ne me leurre pas de mensongers espoirs. Le jour où je l'ai vu pour la première fois, j'ai frémi de pressentir qu'un mystérieux amour régnait sur sa vie. Et tandis que son image m'entrait au cœur comme un coup d'épée, j'ai pleuré de comprendre qu'une autre que la mienne habitait ses regards.

Holwennioul tourna doucement le visage éploré de l'enfant et tendit la main : un bel oiseau rosé s'envolait dans le ciel calme.

— La vois-tu dans les cieux, la colombe espérance ?

Et d'un geste farouche elle enveloppa de ses bras sa sœur en abaissant ses paupières sur les gouffres de ses yeux, tempétueux peut-être de s'enfoncer jusqu'aux entrailles des destins.

***

Certes, le rêve d'étreindre une femme comme Holwernnioul avait dû brûler bien des poitrines d'hommes. Mais qui donc eut osé l'espoir de troubler d'un frisson l'insondable océan de sa pensée ? Pour qu'un homme n'ait pas craint de lui crier d'amour il fallait que le vertige d'une jeunesse passionnée eût emporté son cerveau.

Holwennioul était vierge. Instruite dans tous le mystère du temple, son beau front de prophétesse, crypte où vivait la connaissance, savait toutes les lois de l'être. La virginité lui conservait une grande partie de sa force et de sa conquérante grandeur. Les bras d'un amant auraient absorbé quelque chose de son énergie, qu'elle était jalouse de concentrer vers un but suprême. Nulle atteinte n'avait entamé l'essence de sa volonté en travail d'ascension vers le Divin, et dont l'élan eût été alourdi par le fardeau d'un terrestre amour. Pour les êtres d'héroïsme, pour les hauts exceptionnels, la virginité est un talisman qui leur confirme une part d'empire sur les mondes ignorés du vulgaire. Qui la donne abandonne un secteur de sa sphère d'action, et diminue le rayonnement de sa puissance.

Chez cette femme en la plénitude de sa jeunesse, couvait-il le regret de n'avoir convié nul homme à la fête de sa beauté ? Au temps de son efflorescence, parmi l'émoi des printemps, avait-elle caressé la songerie d'appuyer sa tête sur l'épaule robuste d'un bien-aimé ? Etait-ce sans amertume qu'elle se plongeait dans la solitude d'où l'on sort âme de lumière ou de ténèbres ?

Depuis qu'elle avait appris l'amour d'Hennida, sa méditation s'etait assombrie. Ainsi sa beauté fatale avait captivé l'homme qu'aimait sa sœur !

Théurge, elle savait l'art redoutable de manier les passions humaines. Mais ces passions, comme toutes les forces, on peut les diriger, non les briser, sous peine de produire des cataclysmes psychiques. On détourne un fleuve, on ne le supprime pas.

Loharn, ce jeune homme tombé à ses pieds en lui clamant son adoration, Loharn, qu'Hennida n'avait pu entrevoir endormi sans défaillir, était un pâtre de vingt ans. Sauvage adolescent, l'air des nuits pures et la clarté des étoiles avaient accumulé de la candeur en ses yeux bleus, et l'accoutumance de vivre avec les bêtes et les plantes, avait nourri son cœur de simplicité. A ceux qui existent en elle la nature donne une contemplative et profonde beauté. Parce que cet enfant l'aimait, elle l'avait paré, mère heureuse, du charme exhalé des choses ; et parce que son âme vivait à l'unisson de la vie universelle, elle l'avait enrichie de grandeurs insoupçonnées. Les cieux et la mer au bord desquels il promenait chaque jour ses juvéniles rêves, il les comprenait. Il entendait le silence des horizons qui vibre comme la voix des dieux. L'âme des choses avait imprégné son doux esprit. Quand cet homme serait entraîné dans l'orbe d'une passion, il y roulerait sous l'impulsion violente de ses énergies condensées. Ainsi son être absorbé par le vertige d'amour rayonnant autour d'Holwennioul s'y ruait comme un noble animal chassé vers un gouffre par le bâton de la fatalité.

Le soir où, dans une salle creusée au cœur du granit souterrain, il fut ébloui de se trouver en présence d'Holwennioul, il se demandait si quelque démon hallucinateur ne se jouait pas de l'innocent pâtre.

Dans la lumière des torches vertes et roses, la jeune femme marchait, vêtue d'une robe bleu clair agrafée de béryls. Au-dessus de son front, parmi la nuit de sa chevelure, brillait une étoile cuprique à cinq pointes.

Certes Loharn, dans les limbes de ses fiévreuses espérances, n'avait pas vu surgir la possibilité d'une entrevue semblable. Dès son entrée une anxiété opprima sa poitrine avant même qu'il eût jeté un regard sur le front tragique de la prêtresse. Car tout vivant crée dans son magnétique respir, proportionnée à son individualité, une atmosphère sentimentale, dont le caractère momentané est discerné immédiatement par l'intuition amoureuse.

— Ah ! s'écria t-il, emporté par l'ivresse d'approcher la jeune femme, écoute seulement la voix de mon amour, puis tu feras de ma vie selon ta volonté, car voilà des jours qu'elle est à toi.

Holwennioul tourna vers lui sa tête pensive : son sourire était triste et doux.

— Je sais, continua Loharn, que la folie de t'aimer mène à la mort. Mais toutes mes forces me poussent vers toi comme la nuit pousse les phalènes vers la lumière. Et le seul bonheur que j'envie c'est d'entrer dans la mort douce sous les auspices de ta volonté.

Le regard d'Holwennioul se saisit du jeune pâtre avec la puissance d'une serre d'aigle. Accoutumée à pénétrer la révélation des âmes par les formes, elle mesura le juvénile héroïsme de ce visage.

— Serais-tu donc l'âme forte que j'espère, jeune homme !

La pourpre de la joie courut sur la joue du pâtre. Il entrevoyait, — oh ! frêle encore, — l'espoir d'être aimé :

— Mets-moi à l'épreuve.

Elle sourit de cette fierté :

— Ecoute : les étoiles ont mis sur ta jeunesse le double sceau de l'amour et de la mort. Il est des hommes dont la vie est la proie de l'amour. Tu es un de ceux-là, qui ne sauraient renoncer leur idéal d'aimer. Mais de m'aimer on meurt dans le désespoir. Toi, je te sauverai de l'abîme où tu cours. Je te donnerai l'euthanasie, la mort bienheureuse qui porte l'âme en extase jusqu'au sein profond des dieux.

— Ah ! le suprême rêve, d'expirer sous ton baiser !

— Ne l'espère pas, enfant ! Je suis celle qui n'a jamais daigné mentir, fût-ce pour irradier une âme lamentable du bonheur de l'illusion. Non, mon baiser n'effleurera nulle lèvre d'homme. J'appartiens au fiancé qui m'attend dans un autre monde en possédant mon impassible fidélité. Je suis vouée à l'amour divin. L'au-delà de l'amour que seuls ici-bas connaissent les mortels deux fois nés, je t'en révélerai l'arcane. Car ce fragment de l'unique Vérité que l'ignorance des hommes ne saurait entendre, ta belle ingénuité la comprendra. Ouvre à ce rayon de soleil, ton œil d'aiglon ! Tout être cherche instinctivement dans l'amour la porte d'or qui mène à l'unité androgynique. Il lui faut trouver l'être complémentaire, la part hétéro-sexuée de lui-même. Quelques-uns, prédestinés qui franchirent plus rapidement les degrés de l'évolution, ne sauraient rencontrer sur terre le complémentaire. Pour aller se fondre en lui, sous la flamme du premier baiser, leur âme virginale doit attendre les ailes de la mort. Or, je suis de ceux-ci. Combien de fois mes yeux, à qui la nature entrebâille ses voiles apparents, ont-ils contemplé dans la solitude nocturne l'image certaine du fiancé mystérieux !

La belle conteuse fit une pause en abaissant les paupières comme au frôler d'une souvenance. Seule, s'entendait dans le silence la respiration du jeune homme, haletante encore, qui allait s'apaisant sous l'enchantement oppressif de la voix d'Holwennioul.

— Ah ! reprit-elle, pourquoi m'attardai-je à parler de moi? Moi qui suis lasse de marcher dans ce nimbe de désirs tissé par des hommes autour de ma beauté.

— Mais ne prends-tu donc pas en pitié ceux qui souffrent de t'avoir connue?

— Au sanctuaire de mon cœur, nul n'a regardé, hors les dieux.

— Ah ! la mort prochaine me serait plus chère si j'étais assuré d'avoir du moins agité ta poitrine d'un frisson de pitié !

Lentement, sous les tenaces regards de la jeune femme, le pâtre se sentait envahi d'un trouble mental. Ce semblait une rénovation de son âme baignée, comme d'une eau lustrale, de la projection de ces profondes prunelles.

— S'ils connaissaient ta destinée, ce n'est pas de leur pitié, mais de leur envie que les hommes l'accompagneraient. Tu crois m'aimer ! Ta passion novice est venue à moi comme une oiselle fascinée. Mais je dissiperai d'un souffle l'illusion de ton amour. Et la vierge que tu ignores aimer, celle qui t'aime pour la mort, je la livrerai à l'extase de tes bras, délivrés d'étreindre un rêve trop lourd. Sache la sombre beauté de ton sort. Elle va venir à toi, celle que tu reconnaîtras pour le complément de ton être. Et quand tu la verras de tes yeux dessillés, tous les atomes de toi-même iront à elle sous l'effort d'une invincible affinité. O couple rare, votre ravissement voudra pour unique issue la mort, l'heureuse mort qui vous emportera, reconstitués en une seule et totale individualité, vers l'ascension de l'éternel devenir. Ainsi commande la Norme. Quand un homme et une femme se rencontrent, étant l'un à l'autre les complémentaires, la secousse du premier baiser les arrache à la terre, où ils n'ont plus à vivre, ayant récupéré l'unité androgynique; aux autres couples dont l'union est moins sacrée appartient la procréation, le devoir d'appeler une âme nouvelle à la spirale de l'involution. Car le Binaire toujours doit se résoudre par le Ternaire à moins de remonter à l'originelle unité. Mais comprendras-tu, simple enfant des forêts, ce mystère du Nombre où jamais n'accédera le troupeau humain? Toi, pare-toi pour la double fête de l'amour et de la mort!

Holwennioul disparue, le jeune homme demeura dans l'isolement tumultueux de sa conscience. L'évanouissement de cette vision déchirait-il, comme l'arrachement d'un morceau de sa chair, le jeune cœur de ce passionné? Non, cette voix de femme lui avait ballotté l'âme dans les ondes de ses sonorités; ainsi la mer jadis roulait ses muscles adolescents. Cette voix l'avait enveloppé d'un réseau de secrètes influences. Il attendait, charmé, l'heure exitiale.

Bientôt, un bruissement léger lui fit tourner la tête. Un cri monta vers ses lèvres : Holwennioul était revenue, tenant par la main sa sœur. Plus petite, plus frêle, Hennida éblouissait le pâtre de son rayonnement. Sa longue chevelure solaire fluait le long d'une robe de pourpre serrée à la taille par une ceinture d'or agrafée d'un rubis. Autour du front, un cercle d'or avivait l'éclat de ses prunelles chrysophènes et de larges bracelets d'or, montant à intervalles égaux du poignet à l'épaule alourdissaient l'adorable geste de sa droite où frémissait un éventail en plumes d'épervier.

A l'entrée de la salle, Holwennioul, étreignant sa sœur sur sa poitrine, avait caressé cette tendre tête d'un long, très long baiser. Cette atmosphère d'attraction amoureuse enveloppant sa splendeur, elle avait pu, par une formidable projection de sa volonté, la détacher pour en emmanteler sa sœur. Ainsi Hennida marchait dans une ambiance fluidique capable d'aspirer la passion, d'absorber le désir. L'amour irait à elle, vertigineux, sous cette irrésistible poussée qui jette le fer vers l'aimant, l'or vers l'amphitane, la queue du serpent mystique vers l'hiatus de sa gueule. Puis n'avait-elle pas encore, pour multiplier son charme, la foi en sa force heureuse et la certitude de cueillir la fleur de son rêve?

Le jeune homme s'enivrait de contempler l'enfant blonde :

— N'est-ce pas, lui dit Holwennioul, que tu l'aimes pour éternellement?

Loharn, de toutes les énergies de son âme possédée, appelait Hennida à l'unique ferveur de ses bras tendus.

*
* *

Les lueurs du matin pénétraient dans la salle dont les tentures vertes et roses s'imprégnaient d'un parfum flottant de myrtes et de verveines. En franchissant le seuil, Holwennioul sentit sa poitrine traversée d'un lourd frisson, au respir d'un air où l'ange funèbre avait passé.

Elle regarda : sur la couche d'un bleu clair, deux corps s'enlaçaient dans la paix de leur immobile et très pâle beauté. En pétrifiant leurs jeunes formes, la mort avait perpétué l'extase des amants qui se contemplaient encore, éperdument, de leurs yeux grands ouverts et maîtrisés par l'effrayante fixité des prunelles de cadavres. Holwennioul doucement leur ferma les paupières. Elle s'agenouilla, s'accouda sur le rebord de la couche et, caressant de ses yeux sombres le couple gisant, elle songeait.

Ah ! sa sœur bien-aimée quittait la terre dans la félicité du total amour. Fragile fleur d'or, puisque le destin la devait cueillir, du moins l'avait-il prise avec une maternelle délicatesse. Il avait accompli son œuvre, l'art mystérieux de la prêtresse ; il avait contraint la mort à se faire divinemeut bonne.

Holwennioul toucha la chair sororale ; sa main la sentit froide et dure comme du granit. Elle cherchait sur cette suave dépouille le vestige du suprême sentiment qui l'avait agitée. Et la forme inerte révélait infailliblement le secret d'une joie triomphale. Son galbe très svelte semblait palpiter encore d'un lointain délice, et signifiait l'exaltation heureuse que ne démentait ni le modelé des hanches évasées, ni l'épanouissement fier des seins accuminés attestant la vocation de cette jeunesse à l'amour.

Ah ! nul doute ! La frêle enfant avait expiré dans l'ineffable béatitude dont le désir inquiétait sa vie. Ame emportée par la colombe de son idéal dans les cieux de son espoir, fuyant le malheur d'ici-bas, et la tristesse de vieillir et l'angoisse de souffrir. Heureux ceux qui retournent, parfumés de jeunesse et d'amour ingénu, au sein sept fois sacré des dieux !

Soudain la prêtresse tressaillit. Un douloureux trouble lui fouettait l'âme. Si pourtant son œuvre d'euthanasie avait blessé la la sœur aimée. Si l'enfant avait souhaité vivre encore et jouir de la douceur de ce monde et de l'ivresse d'aimer !

D'un geste de sa droite à son sein, elle imposa le calme à son cœur. Pour sa tentative. elle avait besoin de retrouver intégrale et paisible sa volonté.

Afin que subsistât la possibilité d'une résurrection, il fallait se hâter. Des deux principes vitaux ayant abandonné le gracieux corps de la morte, l'âme délivrée n'était soumise ni au temps ni à la distance ; mais en proie au lent et progressif travail de la désincarnation, déjà peut-être le médiateur plastique se dissolvait-il peu à peu dans le cirque des attractions sidérales; et s'il était trop tard, le commandement du plus dominateur des théurges n'eût pu le contraindre à réintégrer la demeure corporelle.

Holwennioul jeta une poignée d'encens dans le brûle-parfum. Elle décrocha une épée, l'épée, le signe crucial dont la virtualité ordonne au quadruple faisceau des forces, et dont la pointe acéraine soutire les fluides occultes.

Tenant dans sa gauche l'épée, de sa droite elle saisit une main de la morte et, d'une traction brusque, approcha le cadavre vers ses lèvres en appelant d'une clameur étrangement forte :

— Hennida !

Il s'écoula du temps pendant lequel la salle vibrait encore de cette voix accoutumée de manier les vertus mystérieuses des sonorités.

A la question mentalement posée, Holwennioul fixant de son regard intense le corps chéri, entendit descendre aux silencieuses profondeurs de son être, une muette rêponse d'âme :

— Ne me trouble plus : j'ai mon bonheur !

La prêtresse laissa délicatement retomber sur la couche le charmant torse pâle, et, d'une douce autorité, prononça :

— La paix soit avec toi, ma sœur !

Une larme scintilla dans ses longs cils au contempler de cette forme aimée qui bientôt serait effacée du monde visible par l'action des éternelles renaissances. Elle effeuilla des roses sur la sérénité des amants.

Et sentant sourdre en elle une mélancolique attirance vers la mort, elle se redressa, la main sur son sein. Après un coup de marteau contre une cloche d'airain, une jeune fille entra, silhouette blanche :

— Que les filles sacrées accompagnent de leurs incantations et de leurs prières l'envolement de deux jeunes âmes pures !

Bientôt, parmi le matin doré montèrent des chœurs de voix claires, sonore communion de volontés bonnes enveloppant le beau couple trépassé dans le double nimbe de la musique et de la prière, ces deux formes magistrales entre toutes celles du tout puissant Verbe.

V. ÉMILE-MICHELET.

Morant. — Les Bourses du Travail de France, par **F. Pelloutier.** — La femme au XXe siècle, par **Mme Renaud.** — La question religieuse, par **Clémence Royer.** — La question cubaine et les intérêts français, par **A. Savine.** — La politique coloniale de l'Espagne, par **R. Sempau.** — L'avenir socialiste des syndicats, par **G. Sorel.** — Les élections en France (1898), par **Spectator.** — Appel des Doukhobortzis, par **Léon Tolstoï.** — L'Acoolisme et les conditions du travail en Belgique, par **Emile Vandervelde.** — Surtravail et profit, par **J. Walter-Jourde.**

ÉTUDES HISTORIQUES, PÉDAGOGIQUES ET SCIENTIFIQUES

L'Anarchisme et le Mouvement social en Australie, par **J.-A. Andrews.** — Lettres à Capo de Feuillide, par **Colins.** — Le génie devant la science contemporaine, par **Jules Dallemagne.** — Eléonora Marx, biographie, par **Victor Dave.** — Patrie et militarisme, par **Ch. Détré.** — Socialistes Polonais et Russes, par **Elehard Esse.** — Paganisme juif, par **Albert Fua.** — Une école idéale, par **Agnès Henry.** — Le socialisme en Argentine, par **José Ingegnieros.** — Curiosités révolutionnaires, par **Camille Laurent.** — Histoire naturelle de Jésus, par **Gustave Lejeal.** — Isaac Hecker, par **Marie Mali.** — Le socialisme en Roumanie, par **G. Marghulescu.** — José Rizal, biographie, par **J. Mario.** — Le socialisme en Espagne, par **Ricardo Mella.** — Les légendes russes, par **Nikitine.** — Les Juifs au Moyen-Age, par **E. Nys.** — L'Institut des Hautes-Etudes à l'Université nouvelle de Bruxelles, par **Edmond Picard.** — André Géliaboff, biographie, par X. — L'école et l'apprentissage de la docilité, par **H. Roorda van Eysinga.** — Les Emeutes de la faim en Italie, par **Nino Samaja.** — Le Socialisme agraire en Hongrie, par **E. H. Schmitt.** — La mesure du Temps, par **F. Stackelberg.** — Le socialisme en Bohême, par **Léon Winter.**

Revue des Revues et Revue des Livres, par **Elisée Reclus, G. De Greef, A. De Rudder, G. Sorel, Laurence Jerrold, Marie Mali, Zabel Ohannessian, Marya Cheliga, Victor Dave, A. Dufresne, G. Charlier, Mario Pilo, A. Savine. Paul Pourot, H. Rynenbroeck, Marie Stromberg, C. Fages, Domela Nieuwenhuis. Elie Reclus, A.-D. Bancel, A. Hamon, V. Emile-Michelet, B. Barbier, Dr A. Gaboriau, A. de Rampan, etc.**

L'HUMANITÉ NOUVELLE forme par an deux beaux volumes de plus de 750 pages chacun, avec un index alphabétique des auteurs et des matières.

Paris. — Typ. A. DAVY, 52, rue Madame. — *Téléphone.*

www.ingramcontent.com/pod-product-compliance
Lightning Source LLC
LaVergne TN
LVHW020507230826
846091LV00008BA/3380

* 9 7 8 2 0 1 1 9 4 1 2 0 6 *